Pour _____

De la part de _____

Nos autres livres sur les chats :
Les chats — citations —
Florilège à la gloire des chats
Le guide des fanatiques des chats

© Helen Exley 1997

© Éditions Exley s.a. 1998
13, rue de Genval - B 1301 Bierges
Tél. + 32 (0) 2 654 05 02. Fax + 32 (0) 2 652 18 34

ISBN 2-87388-120-8
Dépôt légal : D.7003/1997/21

Imprimé en Chine

12 11 10 9 8 7 6 5 4

Illustrations : Maria Teresa Meloni
Texte : Pam Brown

Bordures de Juliette Clarke.

Remerciements : Alessandro Dianda, éleveur à Viareggio (Italie) pour la fourniture des « modèles » ; Renzo de Benedetti (il Signore Palombaro) ; Renata Vitelli ; Refuge La Cuccia, Viareggio (Italie).

Les chatons !

EXLEY
PARIS - LONDRES

S'IL VOUS PLAÎT, AIMEZ-MOI

De grands yeux bleus tout humides
vous implorent depuis le fond
du panier d'osier. Aimez-moi,
vous disent-ils, nourrissez-moi,
réchauffez-moi, protégez-moi,
laissez-moi entrer dans votre vie
— et l'occuper tout entière.

RÉCRÉATION

Pour un chaton,

le monde

est un enchantement.

Un défi.

Et la plus belle invention

du bon Dieu,

c'est la ficelle.

PERFECTION

Rien de plus rose, de plus pur,
de plus joliment garni
de petites dents pointues
que le baillement d'un chaton.

Fabergé lui-même
n'aurait jamais
rien pu façonner
de plus exquis
dans ses moindres détails
qu'un ravissant petit chaton.

Les mains de bébé sont fascinantes, mais les pattes d'un chaton ont quelque chose de presque irréel. Elles sont si petites, si délicates, si bien faites. Son pelage est lisse et doux. Ses griffes sont comme des aiguilles. Quant à ses coussinets, ils sont tout propres et tout roses. Les pattes de chaton sont faites pour toucher, décourager, manipuler, courir, trottiner, se balancer, se cramponner, escalader, gratter, et pour cacher aux yeux du monde une petite frimousse plongée dans le sommeil.

UNE PETITE BOULE apeurée se faufile hors du panier et disparaît derrière le divan. « Pauvre amour », dites-vous. « Elle veut peut-être un peu de lait, ne l'effrayons pas ».

Ce matin, elle a répandu la nourriture dans toute la cuisine, fait son lit dans le panier à linge, vidé le bac à légumes, déchiqueté le rouleau de papier toilette, escaladé les rideaux en dentelle, laissé des traces de lait dans le couloir, fait dans sa caisse, en éparpillant énergiquement sa litière...

Enfin, elle s'est endormie sur la cuisinière. Elle se réveille et fait joyeux accueil au premier qui se lève. « On est bien ici », dit-elle. « Vous n'auriez pas un bout de ficelle ? »

OÙ EST LE CHATON ?

A tout instant, quelque part dans le monde,
quelqu'un cherche un chaton. Les Chinois,
les Japonais, les Norvégiens, les Suisses,
les Italiens, les Arabes, les Britanniques
et les Américains — les voilà tous à genoux
en train de regarder sous les meubles.
Minou ! Minou ! Minou !
Quelle que soit la langue, le cri est le même,
ainsi que le soupir de soulagement lorsque
la petite bête émerge du seul endroit

où elle ne pouvait assurément pas se trouver.
Quand on a un chaton chez soi, on sait
que tout arrive, y compris l'impossible.

Il faut regarder sous la voiture
avant de démarrer le moteur. Il ne faut
jamais fermer un tiroir (ou un four, ou une
machine à laver) sans y regarder à deux fois.

Et on ne cloue jamais une planche,
on ne ferme jamais un grenier, sans savoir
exactement où se trouve le chaton.

Un chaton ordinaire,
ça n'existe pas.

Que deviendra ce petit chaton ?
Un vieux matou au cœur d'or ; un voleur
opportuniste ; un hédoniste qui
se vautre au soleil ; un acrobate ;
un contrebandier romantique ;
un philosophe plein de sagesse ;
un sympathique idiot ; un inventeur
de jeux ; un découvreur d'énigmes ?
Qui sait ? Peut-être
tout cela à la fois.
Mais il sera toujours unique,
toujours merveilleux.

QUI COMMANDE ICI ?

C'est si petit, une patte de chaton.
Mais en quinze jours,
toute la maison sera à ses ordres.

Un chat vous autorise à dormir
dans le lit. Mais restez au bord.

Les chatons nous prennent en main
très tôt. Ils nous demandent
de nous baisser pour qu'ils puissent sauter
sur nos épaules. Ils nous expliquent
comment ouvrir la porte de la cuisine.
Ils nous ordonnent de jouer. Ils boudent
s'ils doivent quitter nos genoux.
Ils monopolisent le lit.

UN CHATON, C'EST UNE PROMESSE

Un chaton, c'est comme un bébé.
On ne peut jamais savoir ce qu'il en adviendra...
En un clin d'œil, cette petite créature
chancelante qui tombait des chaises et
s'empêtrait dans une pelote de ficelle
est devenue l'élégance même, sautant
nonchalamment d'un toit à l'autre,

se balançant sur la branche la plus haute
du chêne, un chasseur, un danseur.
Les chatons et les bébés sont une source
d'étonnement et de joie. Mais le mieux
reste encore à venir.

Un chaton n'est qu'un début. Un début
amusant, ingénieux et adorable — mais il ne fait
que promettre le chat qu'il sera demain.

RIEN DE PLUS TÉMÉRAIRE et de plus entreprenant
qu'un chaton en pleine escalade. Rien de plus pitoyable
qu'un chaton qui ne peut plus avancer.

LES CHATONS PRENNENT un plaisir infini à grimper
au sommet des arbres et à se balancer là-haut.
Leur petite bouche rose est grande ouverte de peur,
leurs cris déchirants attirent la foule. Parmi
un enchevêtrement de feuilles et de brindilles,
ils s'agrippent et tanguent, pendant que quelqu'un va
chercher une échelle. C'est à ce moment que le chaton
saute et s'enfuit... pour se percher ailleurs
et le petit jeu recommence.

DE CHARMANTES
PETITES
MACHINES
DE GUERRE !

Les chatons et les rideaux.
Entre les deux,
votre cœur va balancer.

Un chaton n'a pas son pareil pour
s'agripper à ce pull qui a coûté si cher !

Les chatons ont de grands yeux, un pelage
soyeux, une petite bouche toute rose
et un charme fou.
C'est ce qui les sauve de l'extermination
lorsqu'ils ont mis les rideaux de dentelle
tout neufs en charpie.

Il y a des chatons calmes, timides,
doux, des chatons inquiets
et nerveux, des chatons farceurs,
des chatons culottés, entreprenants,
des chatons lourdauds et brouillons,
des chatons rusés.
Des chatons aigris et maussades.
Mais ils sont tous magnifiques.
Et il leur faut à tous
un être humain qui voie en eux
le plus beau chaton du monde.

Fierté

Avez-vous déjà vu un chaton en colère ?
Cela en vaut la peine. Il traverse la pièce en marchant
comme un crabe, faisant le gros dos, furibond,
le pelage tout hérissé, la queue en rince-bouteilles,
la moustache en bataille, la gueule grande ouverte,
soufflant de rage. Mais de grâce, ne vous moquez
pas de lui. Un chaton a sa fierté.

L'une des premières leçons
que retient un chaton
est qu'en cas de chute,
il faut toujours faire
semblant de l'avoir fait exprès.

Si le chiot aime qu'on se moque de lui,
le chaton, lui, se vexe à mort.

CHAOS ! CHAHUT ! CHAMBARD !

Pour un chat adulte, l'eau se boit
et les croquettes se mangent.
Pour un chaton, l'eau et les croquettes
servent à jouer, éclabousser,
barboter et farfouiller.
La cuisine doit ensuite ressembler
à une plage à marée basse.

Un jour, les chatons sont dans la boîte
avec leur maman, aveugles et sans défense,
faisant l'objet des soins et de l'admiration
de chacun. Le lendemain, ils partent
à l'aventure, se balancent aux rideaux,
escaladent le sommet de la bibliothèque,
farfouillent dans le panier à linge, mangent
les plantes vertes, dansent sur le piano, glissent
sur la table cirée, creusent dans la jardinière.
Il suffit de trois chatons pour transformer
la maison en champ de bataille.

SOYEZ GENTILS AVEC MOI

Rien de plus pitoyable
qu'un chaton mouillé.

Même les cœurs les plus endurcis
ne peuvent résister à un chaton.

Vous avez beau mesurer deux mètres,
être une armoire à glace,
si le chaton recherche une maman,
vous n'y échapperez pas.

LES CHATS, MAÎTRES DU MONDE

Tout chaton apprend de sa mère
le Grand Secret :
les chats sont les maîtres du monde.

Vous pouvez dominer votre chaton
une ou deux fois — mais il apprend,
oui, oui, il apprend.

Si un très petit chaton veut s'emparer
d'un grand fauteuil, il l'aura.

Les couples qui adoptent
leur premier chaton se donnent
beaucoup de peine pour lui faire
un petit lit douillet dans la cuisine.
Mais lorsqu'ils se réveilleront,
qui trouveront-ils paisiblement
endormi dans leur lit ?

Il ne faut qu'une semaine
à un chaton, si petit soit-il,
pour prendre possession
de la maison et de ses propriétaires.

*Il n'existe qu'une manière
de survivre à un chaton.
C'est d'apprendre à parler « Chat ».
Le plus vite possible.*

*Rien de plus vexant
qu'un chaton exaspéré qui n'arrive pas
à vous expliquer ce qu'il veut,
même en mots d'une syllabe.*

LES HUMAINS SONT DES IDIOTS !

UN CHATON PRENDRA volontiers un bout
de papier et une ficelle pour une souris
— jusqu'à ce que vous vous soyez vous-même
pris au jeu. Il vous considèrera alors comme
un abruti et préférera se lécher les pattes.

Les chatons sont souvent exaspérés
par la bêtise des êtres humains, mais espèrent
toujours qu'avec du temps, de la patience
et de l'affection, ils pourront leur insuffler
un peu d'intelligence.

Un chiot adore apprendre,
plaire, être récompensé.
« Ici. Assis. Fais le beau. Au pied.
Fais le mort », lui dit-on.
Il est alors comblé
par nos félicitations.
Un chaton, lui, écoute, sourit
et dit « Ici. Assis. Apporte.
Reste tranquille. » Et nous obéissons.

🐾

Tous les chatons, dès le début, apprennent
à leurs humains à répondre à leurs besoins
de chats. Comme récompense, ils leur octroient
le statut de chat à titre honorifique.

*U*n chaton est si petit
qu'il peut s'asseoir
sans problème sur votre main,
ses pattes sont
comme des pâquerettes,
ses yeux sont encore tout embués,
comme ceux d'un bébé.
Et cependant, il love sa petite
queue autour de lui, majestueux
comme un animal antique,
il lève la tête, surveille
son univers. Il sait
parfaitement qu'il est Chat.

L'ILLUSIONNISTE

Le chaton s'est perdu. C'est la panique
dans toute la maison. On ouvre toutes
les portes, tous les tiroirs. On cherche
en dessous, au-dessus, derrière
chaque meuble. Rien. Pas un bruit.
Et soudain, le voilà. Il vous regarde
avec un intérêt mêlé d'étonnement.

Les chatons se sentent très bien là où la raison
affirme qu'ils ne pourraient pas se trouver.

Vous ne vous ennuierez jamais
si vous avez la chance de posséder un chaton
débordant d'imagination. Chaque cordon
d'interrupteur, chaque clenche, chaque sac
en papier devient une source d'inventions
nouvelles. La casserole, le poële, la rangée
de livres, le panier à linge, voilà autant
de cachettes magnifiques. Tout tiroir, toute
porte, toute boîte, même fermée, possède
une entrée secrète. Les illusionnistes ?
Ils peuvent aller se rhabiller.

Un minuscule chaton dans la salle d'attente d'un vétérinaire attire tous les regards ; les propriétaires d'afghans, de bull terriers, de chinchillas, de cochons d'Inde et de rats seront en admiration devant cette petite boule de poils. « Aah », disent-ils. « Qu'il est mignon. » Sur ce, le chaton, l'œil rivé sur le plus gros des chiens, fait le gros dos, couche les oreilles et souffle, exhibant deux rangées de petites dents. Le gros chien, lui, est complètement ébahi et détourne le regard en affectant l'indifférence. Le chaton se calme, se détend. Non mais !

TACTIQUE...

Très tôt, maman chatte inculque

certaines leçons à son petit.

Par exemple, ne jamais faire

ses besoins dans la maison,

sauf dans sa caisse.

En revanche, on peut vomir

n'importe où.

J'ai bien dit : n'importe où.

Ne jamais dormir dans son panier

s'il y a des genoux à proximité.
Cet aliment, tu en raffolais
la semaine dernière ;
cette semaine, tu ne veux
même pas le renifler.
Refuse-le catégoriquement.
Si nécessaire, fais mine
de le couvrir de terre.
Ne passe jamais la nuit
dans la cuisine si tu peux ouvrir
la porte de la chambre.
En cas de problème, attendris-les
en miaulant sans bruit.

LES CHATONS, <u>INNOCENTS</u> ?

Les chatons apprennent
très vite à écouter
attentivement lorsqu'on
les appelle…
et à ne pas bouger
d'un pouce.

Quelle innocence dans les yeux !
Et quel esprit retors !

NAISSANCE DE CHATONS

Les chatons nous arrivent dans un emballage-cadeau, adorables colis pleins de vie. Très délicatement, maman ôte le tissu et dévoile les perfections en devenir, aveugles, les oreilles minuscules, miaulant et tout ébouriffés, avec des pattes pas plus grandes que des pâquerettes, des rayures que l'on dirait dessinées au crayon. Tout cela est stupéfiant, mais elle reste philosophe et entreprend de les lécher pour les laver, elle range son nid, encore sous le coup de l'émotion, et commence à les nourrir.

« Regardez ce que j'ai fait »,

disent ses grands yeux.

« Quel étonnement ! »

Et elle se tourne

pour nettoyer la tête

la plus proche, qui n'arrête pas

de donner des coups.

🐾

Les femmes qui viennent de donner le jour

savent bien ce qu'éprouve la maman

chatte : de la perplexité, de l'exaspération,

et aussi une fierté affectueuse.

C'EST POUR LA VIE

Le petit chaton tristounet
qu'il fallait porter
à l'intérieur de son gilet
et contre son cœur,
c'est le petit diable qui,
une semaine plus tard,
se déchaîne joyeusement
d'une pièce à l'autre.
Mais le lien est noué
et durera toute la vie.

*Un chiot apprend qu'il lui faut
trouver un être humain
à servir et à aimer.
Un chaton apprend à trouver
un esclave malléable
et affectueux qui répondra
à la gentillesse.*

Regardez cet homme.
Un costaud. Un fonceur.
Un battant. Il s'assied
très doucement et respire
à peine. Dans les bras,
un chaton endormi, pas
plus gros que le poing.

L'amour parfait

Il est bien petit
pour prendre un cœur en otage.

Un chaton peut vous offrir
trente ans de son amitié
ou très peu de temps.
Mais quelle que soit sa durée,
la vie d'un chat changera la vôtre.
Lorsqu'il s'en ira,
il vous laissera un chagrin
et une reconnaissance éternels.

Grâce à ce petit chat,
la maison ne sera jamais vide
lorsque vous rentrerez.

Leçons
de vie

L'humanité
se prend trop au sérieux.
Rien de tel qu'un chaton
pour y remédier.

Les chats sont les meilleurs
ennemis de la prétention.

Les chatons nous enseignent la sagesse :
– profiter du moment présent
– savourer les petites choses
– apprécier l'amour et le foyer
– aimer l'aventure
– affronter les problèmes avec courage
– savoir prendre la fuite au bon moment
– éviter les spéculations inutiles
mais faire face quand il faut
– rester propre et soigné
en toutes circonstances.

CONTRAIREMENT à ce qu'on pense,
les vieilles dames n'adoptent pas
les chats pour remplacer les bébés.
Elles les adoptent parce que ce sont
des chats. Parce qu'après avoir fréquenté
les humains toute une vie, c'est
un soulagement que la compagnie
d'un chat. Les chats sont en effet aimables
et de bonne compagnie, discrets dans
leurs infidélités, courtois dans leurs diktats,
délicats dans leur gourmandise, propres,
superbes, élégants jusque dans
le ridicule. Et, comme nous tous,
ils sont vulnérables.

BIEN DES CHOSES SE PERDENT avec le temps
— mais la beauté et l'ingéniosité
des chatons augmentent au fil des ans.
Quel que soit son âge, un chat se sent
toujours jeune. Il reste
chaton jusqu'au bout. Tout comme
nous autres humains.

S'il n'y a pas de chatons et de chats
au paradis, alors très peu pour moi.